MEMORIAS DE LA ABUELA

UN DIARIO DE MEMORIAS PARA UN NIETO

www.onefam.com

Tu historia familiar

Fundada en 2016, OneFam es un método sencillo de descubrir, preservar y revivir su historia familiar en cualquier lugar y en cualquier momento. OneFam tiene como objetivo hacer que la historia familiar esté disponible para tantas familias como sea posible. Nuestro conjunto de productos incluye Diarios, Software de Árboles Familiares (web, móvil y de escritorio), Test de ADN Ancestral e Investigación de la Historia Familiar. Conecte, comparta y proteja su historia familiar para las generaciones venideras.

Copyright © 2018
por OneFam Company Ltd.
Athlone, Westmeath
Ireland

ISBN: 978-1-912657-37-7
Portada: Biljana Mihajlovic
Impreso: United States

ONE·FAM

Visítenos en onefam.com

Estos son mis recuerdos
que me gustaría compartir
con ustedes, mi nieto.

A: _____

Con amor

De: _____

Tu abuela

Fecha de inicio del diario:

_____

ÍNDICE

CAPÍTULO 1: NACIMIENTO Y CONTEXTO 9

CAPÍTULO 2: LOS PRIMEROS AÑOS 27

CAPÍTULO 3: LOS AÑOS DE ESTUDIANTE 59

CAPÍTULO 4: AMOR Y MATRIMONIO 73

CAPÍTULO 5: TRABAJO Y VIDA SOCIAL 91

CAPÍTULO 6: LA VIDA COMO MADRE 105

CAPÍTULO 7: LA VIDA COMO ABUELA 117

CAPÍTULO 8: TRADICIONES FAMILIARES 125

CAPÍTULO 9: LECCIONES DE VIDA 133

El punto de vista de la abuela

Fue al despedirme de mi propia abuela en su funeral cuando me di cuenta de la magnitud de lo que estaba perdiendo. Observé a cientos de personas expresar sus condolencias a mi familia y compartir sus recuerdos con mi abuela. Auqella tranquila mujer era el mayor soporte de su familia y ni siquiera lo sabía. Sin ella, ninguno de nosotros estaría en aquella habitación celebrando su vida. De hecho, ninguno de nosotros existiría si no hubiera sido la esposa, madre, abuela y bisabuela que era.

Cuando miro al pasado, desearía haber compartido un diario con ella. Debería haber capturado sus historias mientras vivía como campesina de un pequeño pueblo; sus bromas sobre mi madre y sus hermanos cuando eran niños; las nuevas palabras que había aprendido y confundido con otras cosas mientras aprendía a hablar inglés.

Si me hubiera dado cuenta de que algún día ""Vovo"", como la solíamos llamar, ya no sería parte de mi vida, habría escrito lo mucho que me gustaban nuestras noches de juego los sábados por la noche, llenas de partidas de Monopoly y dulces. Le habría agradecido las noches de ""helado para cenar"" de las que nunca le hablamos a mamá.

Debería haberle preguntado qué sueños llenaban su vida. ¿Quién era su nieto favorito? (yo, por supuesto) Podría haberle preguntado en nuestro diario qué le gustaba de ser abuela Debería haberle contado los secretos que toda niña pequeña tiene pero no puede compartir con su madre.

Aun así, perdí la oportunidad de tener todos esos recuerdos de mi abuela grabados en un diario. Estoy seguro de que le hubiera encantado compartirlos conmigo.

Pero bueno, ahora hay una nueva abuela en la ciudad...

Una abuela es de una nueva generación; una nueva generación ""más fresca"" que usa smartphones y va a conciertos. Quiero compartir con mi nieta cómo me sentí la primera vez que la vi en el hospital. Espero que recuerde que fui yo quien le enseñó a montar en bicicleta.

Llamo a mi nieto si necesito ayuda cuando mi ""smart""phone no es tan ""inteligente""... ¿le gusta ayudarme? ¿Recordará cuánto lo apreciaba? ¡Quizás pueda escribir mi más sincero agradecimiento en nuestro diario!

Quiero compartir con mis nietos las historias más graciosas de sus padres cuando eran pequeños; para contarles sobre mi hogar cuando tenía su edad. ¿Me recordarán cuando me haya ido? ¿Comprenderán cuánto significan para mí?

Este diario es más que una forma de calmar a esta mujer tonta y envejecida. Será el enlace, la conexión entre el pasado y el futuro. Mantendrá las conversaciones entre generaciones vivas, y con suerte nos enseñará algo nuevo.

Espero compartir con mis nietos el interminables e inconmensurable amor que siento por ellos siendo su abuela. Espero que transmitan y compartan este amor con sus propios hijos y nietos. Compartir a través de nuestro diario dejará una huella en este mundo y transmitirá nuestro legado durante generaciones.

"Los jóvenes necesitan algo estable a lo que aferrarse: una conexión cultural, un sentido de su propio pasado, una esperanza para su propio futuro. Por encima de todo, necesitan todo aquello que sus abuelos puedan darles."

~ Jay Kesler

> "Si algo no va bien, llama a tu abuela"

> - Proverbio italiano

CAPÍTULO 1: NACIMIENTO Y CONTEXTO

MEMORIAS DE LA ABUELA

DETALLES DE LA ABUELA

¿Cuál es tu nombre completo?

....

¿Dónde naciste?

....
....

¿Cuál es tu fecha de nacimiento?

....
....

¿Cuánto pesas?

....
....

¿Cuánto mides?

....
....

¿Te pareces a algún otro miembro de tu familia?

....
....
....
....

¿Conoces el origen de tu apellido?

....

....

....

¿Conoces las razones por las que tus padres escogieron tu
nombre?

....

....

....

....

....

....

....

¿Cómo te llama tu familia?

....

....

....

....

....

....

....

¿Eres religioso? De ser así, ¿Cuál es tu religión?

....

....

....

....

¿Estás bautizado? De ser así, ¿sabes dónde y cuándo fue?

....

....

....

¿Todavía vas a la iglesia?

....

....

....

¿Puedes hablarme sobre los diferentes lugares en los que has vivido?

Ubicación:

....

Periodo de tiempo y edad:

....

....

Ubicación:

Periodo de tiempo y edad:

Ubicación:

Periodo de tiempo y edad:

Ubicación:

Periodo de tiempo y edad:

Ubicación:

Periodo de tiempo y edad:

Ubicación:

Periodo de tiempo y edad:

DETALLES DE LOS PADRES

¿Cuál era el nombre completo de tu padre?

....

¿Cuál era el apellido de soltera de tu madre?

....

¿Cuándo y dónde se casaron?

....

....

....

Cuéntame sobre tus padres; ¿Qué tipo de personas eran?

....

....

....

....

....

....

....

....

....

¿Cuál es el recuerdo más feliz que tienes de tus padres?

Padre:

Madre:

¿Qué es lo que más te gusta de tus padres?

Padre:

Madre:

¿Sabes cómo o dónde se conocieron tus padres?

¿Dónde vivían tus padres?

¿A que se dedicaban tus padres?

Padre:

Madre:

¿Cuales son mis orígenes? ¿De dónde son mis antepasados?

Padre:

Madre:

¿Tus padres tenían una buena relación?

¿Cuál fue la lección más importante que te enseñaron?

Cinnamon

Flour

Sugar

¿Tus padres te contaron alguna historia sobre tu nacimiento?

¿Quién era más estricto, tu madre o tu padre?

....

....

....

....

....

¿Qué actividades hacíais como familia?

....

....

....

....

....

¿En que solíais gastar el dinero y el tiempo libre en tu familia?

....

....

....

....

....

....

....

HERMANOS Y PRIMOS

Enumera los nombres y los cumpleaños de tus hermanos.

¿Con qué hermano eras más cercano mientras crecías?

¿Eras cercano a alguno de tus primos cuando eras pequeño?

¿Alguna vez compartiste habitación con alguno de tus hermanos?

¿Cómo te hacía sentir en ese momento?

¿Con qué hermano discutías o peleabas más?

¿Puedes contarme una historia sobre cada uno de tus hermanos
y hermanas?

Notas

Notas

Insertar fotos de cuando eras un bebé

Cuéntame una historia

Sobre: ....

Historia: ....

....

....

....

....

....

....

....

....

....

....

....

....

....

....

....

....

....

....

....

....

"Abuela, una madre maravillosa con mucha práctica"

- Anónimo

CAPÍTULO 2:
LOS PRIMEROS AÑOS

DE NIÑA

¿Cuál es tu memoria infantil más temprana?

....

....

....

....

....

....

¿Qué juegos estaban de moda cuando eras joven?

....

....

....

....

....

¿De qué tenías miedo cuando eras niño?

....

....

....

....

¿Tenías alguna canción de cuna o historia para dormir favorita?

....
....
....
....

¿Recuerdas un regalo en especial que recibieras cuando eras niño?

....
....
....
....
....
....

¿Recuerdas haber estado realmente enfermo alguna vez
cuando eras niño?

....
....
....
....

¿Qué medallas o premios recibiste cuando eras niño?

....
....
....
....
....

¿Puedes dibujar un mapa de tu antiguo vecindario? ....

Describe el dormitorio de tu infancia

Describe la casa de tu infancia

Cuéntame sobre tu hogar cuando eras niña

¿Tenías algún juguete favorito?

....

¿Recuerdas que la vida fuera difícil mientras crecías?

....

Describe una mañana típica en tu casa; tus rutinas, los
sonidos, los olores, etc.

....

....

....

....

....

....

....

....

....

....

....

....

....

....

¿Cuál era tu comida favorita?

Cuéntame algo sobre el regalo que más disfrutaste de niño

¿Comíais juntos en familia en casa? ¿Puedes describir esas comidas u ocasiones?

En la casa de su infancia, ¿tenía un jardín o un lugar al que salir a jugar cerca?

¿Tenías algún lugar favorito en el que jugar cuando eras pequeño?

¿A qué jugábais tú y tu hermano?

¿Eras amigo de tus vecinos cuando eras niño?

¿Tenías niñeras cuando eras niño? ¿Me puedes contar algo sobre ellas?

Cuando eras niño ¿tenías algún héroe o personaje favorito?

¿Qué pasatiempos tenías? ¿Coleccionaste algo? ¿Practicabas algún deporte? ¿Tocabas algún instrumento?

¿Recomiendas algún libro que hayas leído de niño?

....
....
....
....
....
....

¿Tuviste algún mote?

....
....
....

¿Cómo ha cambiado la vida desde que eras niño?

....
....
....
....
....
....
....
....
....

¿Qué es lo que más recuerdas de esos años?

Insertar foto

Inserta una foto de cuando eras niña.

Cuéntame una historia

Sobre:
....
....

Historia:
....
....
....
....
....
....
....
....
....
....
....
....
....
....
....
....
....
....
....
....
....
....

DE ADOLESCENTE

¿Cómo fue crecer siendo un adolescente?

....

....

....

....

....

¿Qué hacías para divertirte?

....

....

....

Cuéntame sobre tu vida social; ¿Tenías toques de queda o restricciones?

....

....

....

....

....

....

....

¿Qué responsabilidades tenías en el hogar cuando eras pequeño?

....

....

....

....

¿Era buena la comunicación con tus padres cuando eras adolescente?

....

....

....

....

....

¿Alguna vez te metiste en problemas de cara a tus padres?

....

....

....

....

....

....

....

....

¿Cómo te llevas con tus padres durante tu adolescencia?

Padre:

Madre:

¿Que tipo de ropa llevabas?

....

....

....

....

Describe algunas de las tendencias en moda cuando eras
adolescente

....

....

....

¿Qué tipo de tendencias o modas te marcaron cuando eras
adolescente? (ropa, peinados, pasatiempos, etc.)

....

....

....

....

....

....

....

¿Quién era tu modelo a seguir cuando eras adolescente?

....

....

¿Recuerdas alguna frase o objeto que fuera popular cuando eras adolescente?

....

....

....

¿Qué música escuchabas?

....

....

....

¿Tocabas algún instrumento musical?

....

....

....

¿Practicabas deporte durante tu adolescencia?

....

....

....

....

....

....

¿Cuáles fueron tus mayores logros durante esos años?

....

....

¿Cuándo aprendiste a conducir?

....

....

¿Cuál era tu mayor sueño cuando eras adolescente?

....

....

....

¿Quién era tu mejor amigo? ¿Todavía estáis en contacto?

....

....

....

....

....

....

....

....

....

....

¿Qué es lo que más recuerdas de esos años?

Notas

Insertar foto

Inserta una foto de cuando eras un adolescente.

Cuéntame una historia

Sobre:

Historia:

¿Cuál fue el primer auto que compraste? ¿Cómo te hizo sentir?

....

....

....

....

....

¿Recuerdas algún invento que cambiara tu vida?

....

....

....

....

¿Hubo algún evento que marcara tu futuro?

....

....

....

....

....

....

¿Recuerdas la vida durante los tiempos de guerra? ¿Puedes describir la experiencia y cómo te sentiste?

....

....

....

....

¿Cuál fue tu mayor logro en esta etapa?

....

....

....

....

....

¿Qué preocupaciones tenías sobre el futuro?

....

....

....

....

....

....

¿Tienes algún recuerdo de tus padres o abuelos que te
gustaría compartir?

¿Qué es lo que más recuerdas de esos años?

Notas

Notas

Insertar foto

Inserta una foto de cuando eras joven.

Cuéntame una historia

Sobre: ....

Historia:
....
....
....
....
....
....
....
....
....
....
....
....
....
....
....
....
....
....
....
....
....
....
....

"Mi abuela ha sido la parte más positiva de mi vida todo el tiempo"

- Curtis Jackson

CAPÍTULO 3:
LOS AÑOS DE ESTUDIANTE

¿Dónde y cuándo asististe a la escuela infantil?

....

....

¿Dónde y cuándo fuiste a la escuela primaria?

....

....

Describa el tiempo que pasó en la escuela primaria
¿Participabas en deportes o clubes? (tal vez te gustaban algunas
asignaturas y otras te parecían más difíciles).

....

....

....

....

....

....

....

....

....

....

....

¿Cuál es tu recuerdo más querido de la escuela primaria?

....

....

....

....

¿Llevabas uniforme escolar?

....

....

....

....

¿Qué comida servían en la escuela?

....

....

....

....

¿En qué actividades escolares participaste cuando eras niño?

....

....

....

....

....

....

....

Cuéntame una historia de tus primeros días de escuela

....

....

....

....

....

....

....

....

....

¿Dónde y cuándo fuiste a la escuela secundaria?

....

....

....

Describe tu tiempo en la escuela secundaria ¿Participabas en
deportes o clubes? (tal vez te gustaban algunas asignaturas y
otras te parecían más difíciles).

....

....

....

....

....

¿Cuál es tu recuerdo favorito de la escuela secundaria?

....

....

....

....

....

¿Dónde y cuándo fuiste al instituto?

....

....

....

Describe tu tiempo en el instituto ¿Participabas en deportes
o clubes? (tal vez te gustaban algunas asignaturas y otras te
parecían más difíciles).

....

....

....

....

....

....

....

....

....

....

¿Cuál es tu recuerdo favorito del instituto?

¿Cómo fueron tus notas en la escuela secundaria?

¿Qué consejo me darías para sobrevivir al instituto?

¿Trabajaste y estudiaste duro en el instituto?

¿Alguna vez le gastaste bromas a tus maestros o compañeros de clase?

Describe a los mejores profesores que tuviste durante tus años de educación ¿Cuáles marcaron la diferencia?

¿Qué asignaturas disfrutaste más durante tus años de educación?

....

....

....

....

¿Fuiste a la universidad o hiciste formación profesional? Si es así, ¿dónde y cuándo?

....

....

....

¿Qué estudiaste y qué especialidades elegiste?

....

....

....

¿Cómo decidiste el área que querías estudiar?

....

....

....

....

¿Cómo fueron tus notas en la universidad?

....

....

....

....

....

¿Te arrepientes de la educación que recibiste (o no)?

....

....

....

....

¿Tu familia consideraba importante tu educación?

....

....

....

....

....

¿Hablas algun idioma extranjero?

....

....

....

....

¿Tienes más recuerdos que te gustaría compartir sobre tu tiempo en la escuela?

Notas

Insertar foto

Inserta una foto de cuando eras joven.

Cuéntame una historia

Sobre: ....

....

Historia: ....

....

....

....

....

....

....

....

....

....

....

....

....

....

....

....

....

....

....

....

....

"Cuando sonríe, las arrugas de su rostro se convierten en narraciones épicas que trazan las historias de generaciones que ningún libro jamás podrá reemplazar."

- Curtis Tyrone Jones

CAPÍTULO 4:
AMOR Y MATRIMONIO

DETALLES DE LA ABUELA

¿Cuál es el nombre completo del abuelo?

....

....

¿Dónde nació?

....

....

¿Cuál es su fecha de nacimiento?

....

....

¿Cómo, dónde y cuándo os conocisteis?

....

....

....

....

....

....

....

....

¿Qué edad tenías cuando os conocisteis?

....

¿Cuáles fueron tus primeras impresiones sobre él?

....
....
....
....
....
....
....
....
....
....
....
....
....
....
....
....

Cinnamon

Flour

Sugar

Cuéntame algo sobre vuestra relación

¿Puedes describir a mi abuelo?

¿Cuál es el mejor recuerdo que tienes del abuelo?

¿Qué le gustaría al abuelo que yo supiera?

COMPROMISO

¿Cuánto tiempo pasó entre que os conocísteis y te pidió matrimonio?

¿Cómo, dónde y cuándo te pidió matrimonio?

¿Le pidió permiso a tu padre para poder casaros?

....

....

....

....

¿Cómo sabías que él era "el bueno"?

....

....

....

....

....

....

....

¿Celebraste una despedida de soltera?

....

....

....

....

....

....

....

....

MATRIMONIO

Fecha y hora del matrimonio:
....
....
....

Lugar del Matrimonio:
....
....
....
....

¿Qué canciones se tocaron?
....
....
....
....

¿de cuáles le pongo?
....
....
....
....
....

Cuéntame sobre el día de vuestra boda

¿Qué hiciste en especial para celebrar ese día?

....
....
....
....
....

¿Quiées fueron las damas de honor/el padrino?

....
....
....
....
....
....

¿Cuáles fueron tus mejores y peores momentos ese día?

....
....
....
....
....
....
....
....

¿A dónde fuiste de luna de miel?

....

....

....

....

....

¿Puedes compartir algunos momentos especiales de tu luna
de miel?

....

....

....

....

....

....

....

....

....

....

....

....

....

....

LA VIDA DE CASADOS

¿Dónde viviste por primera vez cuando os casasteis?

....

....

....

....

¿Qué trabajo tenías en ese momento?

....

....

....

....

¿Cuánto ganabas por tu trabajo?

....

....

¿Qué marca y modelo de coche conducías?

....

....

....

....

....

....

¿Qué consejo le darías a las parejas recién casadas?

....

....

....

¿Cuál dirías que es la clave para un buen matrimonio?

....

....

....

¿Que retos se os presentaron durante los primeros años de
matrimonio y cómo los superasteis?

....

....

....

....

....

....

....

....

....

....

....

....

Notas

Notas

Insertar foto

Inserte una foto de su boda.

Cuéntame una historia

Sobre:

Historia:

"Una abuela es cálidos abrazos y dulces recuerdos. Ella recuerda todos tus logros y olvida todos tus errores."

- Barbara Cage

CAPÍTULO 5:
TRABAJO Y VIDA SOCIAL

EMPLEO

¿Cuál fue tu primer trabajo y cómo lo conseguiste?

....
....
....
....

¿Qué responsabilidades tenías en ese trabajo?

....
....
....

¿Cuáles eran tus aspiraciones profesionales cuando eras joven?

....
....

¿Cuál es / era tu profesión o carrera?

....
....
....
....
....

¿Crees que tomaste la decisión correcta al elegir profesión?

....

....

....

¿Crees que te pagaban lo suficiente?

....

....

¿En qué otros trabajos has trabajado? (empresas, funcionar-
iado, autoempleo, etc.)

....

....

....

....

....

....

....

....

....

....

....

¿Cuál ha sido tu trabajo favorito y por qué?

....

....

....

....

¿Hubo algún riesgo que hayas tomado o deberías haber tomado?

....

....

....

....

....

¿Cuál es tu recuerdo más preciado en el trabajo y por qué?

....

....

....

....

....

....

....

....

¿Tienes más recuerdos que te gustaría compartir sobre tu tiempo como trabajador?

VIDA SOCIAL

¿A dónde has viajado durante tu vida?

Ubicación:

Periodo de tiempo y edad:

Ubicación:

Periodo de tiempo y edad:

Ubicación:

Periodo de tiempo y edad:

Ubicación:

Periodo de tiempo y edad:

Ubicación:

Periodo de tiempo y edad:

Ubicación:

Periodo de tiempo y edad:

Ubicación:

Periodo de tiempo y edad:

Ubicación:

Periodo de tiempo y edad:

Ubicación:

Periodo de tiempo y edad:

Ubicación:

Periodo de tiempo y edad:

Ubicación:

Periodo de tiempo y edad:

¿Cuál es tu lugar favorito en el mundo y por qué?

....

....

....

....

Cuéntame sobre tu primer viaje en un avión

....

....

....

....

Cuéntame una historia sobre algo gracioso que haya

sucedido en un viaje

....

....

....

....

....

....

....

....

....

....

....

....

Lugares que todavía me encantaría visitar:

¿A qué clubes, organizaciones o grupos perteneces (o has permanecido)?

¿Alguna vez has ganado premios especiales o trofeos como adulto?

Notas

Notas

Insertar foto

Inserta una foto relacionada con tu trabajo o tu vida social.

Cuéntame una historia

Sobre:
....
....

Historia:
....
....
....
....
....
....
....
....
....
....
....
....
....
....
....
....
....
....
....
....

"Todos los padres saben que los niños ven a sus abuelos como fuentes de sabiduría y seguridad."

- David Jeremiah

CAPÍTULO 6:
LA VIDA COMO MADRE

¿Cómo descubriste que serías madre por primera vez?

....

....

....

....

....

¿Cómo te sentiste respecto a la idea de ser madre?

....

....

....

....

....

Haz una lista con los nombres y fechas de nacimiento de
todos tus hijos

....

....

....

....

....

....

¿Tuvieron tus hijos problemas de salud cuando eran
pequeños?

Cuéntame sobre el día en que nació mi madre/ padre

¿Había alguna razón especial para elegir el nombre de mi
madre/ padre?

¿Usabas algún apodo con mi madre / padre cuando era joven?
¿Cuál es su origen?

....

....

....

¿Qué personalidad tenían cuando eran niños?

....

....

....

....

¿Cuál es tu recuerdo favorito de mi madre/ padre cuando era
pequeño/a?

....

....

....

....

....

....

....

....

....

¿Puedes contarme alguna historia sobre mi madre/ padre cuando era pequeño/a?

Cinnamon

Flour

Sugar

¿Recuerdas las primeras palabras de mi madre / padre o la edad a la que dieron sus primeros pasos?

¿Fuiste estricto como padre?

¿Cómo te sentiste cuando mi madre / padre al colegio por primera vez?

¿Cómo te sentiste cuando mi madre / padre se independizó?

....
....
....
....
....

¿Qué consejo le darías a padres primerizos?

....
....
....
....
....
....
....
....

¿Cuáles fueron los mejores momentos como padre?

....
....
....
....
....
....
....

¿Cuáles fueron las partes más difíciles de criar un hijo/a?

....

....

....

....

....

¿Qué momentos en las vidas de tus hijos te hicieron sentir
más orgulloso?

....

....

....

....

....

¿Qué actividades disfrutaste más con tus hijos cuando eran
pequeños?

....

....

....

....

....

Notas

Insertar foto

Inserta una foto que represente tu vida como madre.

Cuéntame una historia

Sobre: ....

....

Historia: ....

....

....

....

....

....

....

....

....

....

....

....

....

....

....

....

....

....

....

....

....

"Soy una persona muy positiva. Mi abuela me enseñó que la felicidad es tanto una habilidad como una decisión, y que solo yo soy responsable de encontrarla."

- Helen McCrory

CAPÍTULO 7:
LA VIDA COMO ABUELA

¿Cómo te hizo sentir ser abuela?

....

....

....

....

¿Qué deseas para el futuro de tu nieto?

....

....

....

....

....

....

....

¿Cuál es tu parte favorita de ser abuela?

....

....

....

....

....

....

....

¿Recuerdas cuando te dijeron que ibas a ser abuela? ¿Cómo reaccionaste?

....
....
....
....

¿Qué pensaste la primera vez que me viste?

....
....
....
....
....
....

¿A qué miembro de la familia me parecía?

....
....
....
....
....
....
....
....

¿Hablaste o presumiste de mí cuando era niño/a?

....
....
....
....
....

¿Cuál es el mejor recuerdo que tienes de mí cuando era
niño/a?

....
....
....
....
....

¿En qué te recuerdo a mi madre/padre?

....
....
....
....
....
....
....
....
....

¿Qué es lo que más te gusta de ser abuela?

....
....
....
....
....
....

¿Cómo cambió tu vida convertirte en abuela?

....
....
....
....
....
....
....
....
....
....
....
....
....
....

Insertar foto

Inserta una foto que represente tu vida como abuela.

Sobre:

....

Historia:

....

....

....

....

....

....

....

....

....

....

....

....

....

....

....

....

....

....

....

....

"Las abuelas sostienen
nuestras diminutas manos por
un momento, pero nuestros
corazones para siempre..."

- Anónimo

CAPÍTULO 8:
TRADICIONES FAMILIARES

¿De qué tradiciones familiares fuiste parte?

....

....

....

....

....

....

¿Qué tradiciones te gustaron más y por qué?

....

....

....

....

....

....

¿Cómo celebrais la Navidad? (actividades especiales, comida, etc.)

....

....

....

....

....

....

¿Cómo celebra tu familia el Fin de año, los cumpleaños u otras ocasiones especiales? (actividades especiales, comida, etc.)

....

....

....

....

¿Cambiaron esas tradiciones con el tiempo? De ser así, ¿cómo?

....

....

....

....

....

¿Crees que se mantendrá la tradición en el futuro? ¿Por qué?

....

....

....

....

....

....

....

¿Tiene algun objeto o reliquia especial que te gustaría transmitir? ¿A quién?

¿Qué hace que esas reliquias sean especiales para ti?

Notas

Insertar foto

¿De qué tradiciones familiares fuiste parte?

Cuéntame una historia

Sobre:

Historia:

"El amor perfecto a veces no llega hasta el primer nieto"
Proverbio Galés

- Welsh Proverb

CAPÍTULO 9:
LECCIONES DE VIDA

PASADO

¿Cuál fue el momento más difícil de tu vida y cómo lo superaste?

....
....
....
....
....
....
....

¿Has tenido mascotas? ¿Que puedes contarme de ellas?

....
....
....
....
....
....

¿Cómo te hacía sentir tu mascota?

....
....
....
....

¿Has sido hospitalizado alguna vez? ¿Me puedes contar que pasó?

....

....

....

....

....

....

....

Cuéntame sobre tu mejor amigo a lo largo de vuestras vidas
¿Dónde os conocísteis? ¿Cuánto tiempo habéis sido amigos?
¿Puedes contarme sobre una aventura que compartiste?

....

....

....

....

....

....

Cuéntame acerca de una broma práctica que jugaste con alguien?

....

....

....

....

....

PRESENTE

¿Qué te hace feliz?

....

....

....

....

¿Qué cosas te hacen sentir más orgulloso de ti mismo?

....

....

....

....

....

¿Qué es lo que más echas de menos de los viejos tiempos?
Tanto que desearías que no hubiera cambiado.

....

....

....

....

....

....

Dime algo que no sepa sobre ti, algo que me sorprenda.

¿Puedes darme algún consejo que me pueda ser útil en la vida?

¿Tienes algún recuerdo tan especial que cuando piensas en él, todavía te hace reír?

FUTURO

¿Qué no has hecho en la vida que todavía esperas hacer?

....

....

....

....

....

Si pudieras asegurar algo de tu futuro ¿qué sería?

....

....

....

....

....

Si pudieras cambiar una cosa sobre tu vida ahora mismo,

¿qué sería?

....

....

....

....

....

....

¿Cuál es tu receta para la felicidad futura?

¿Qué avance tecnológico ha hecho tu vida más cómoda o fácil? ¿Qué nueva tecnología te gustaría probar?

¿Cómo deseas ser recordado por los miembros de tu familia?

Notas

Notas

Insertar foto

Inserta una foto memorable de tu vida.

Cuéntame una historia

Sobre:

Historia:

Regístrese en OneFam

En OneFam nuestro objetivo es hacer que la historia familiar esté disponible para todos. Nos gustaría invitarlo a convertirse en miembro de la comunidad OneFam y disfrutar de los beneficios exclusivos que ofrecemos. Con más de 25.000 usuarios en todo el mundo, le prometemos que estará en buena compañía.

- 50% de descuento en tus próximas compras de diarios
- **Acceso al software gratuito de árboles genealógicos**
- **Regalos de cumpleaños**
- **Ofertas de envío gratuito**
- **Líderes en ventas**
- Y mucho más…

Para suscribirse, simplemente visite nuestra página web en:

https://www.onefam.com/subscribe/

CPSIA information can be obtained
at www.ICGtesting.com
Printed in the USA
BVHW020603310122
627608BV00021B/989

9 781912 657377

Más diarios de calidad

Visite Onefam.com para ver nuestra gama completa

Más diarios de calidad

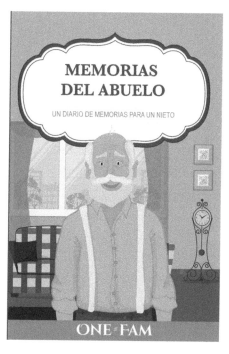

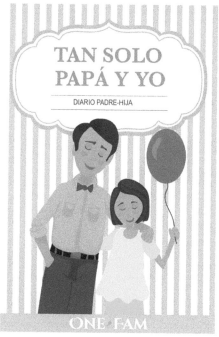

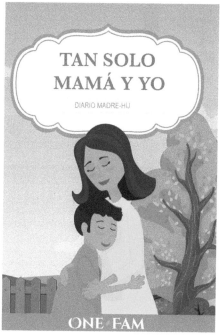

Visite Onefam.com para ver nuestra gama completa

Crea tu Familia gratis

Comience a crear su árbol genealógico en línea de forma gratuita en cuestión de minutos. Simplemente inscríbase, agregue a sus padres, hermanos, hijos, abuelos y otros miembros de la familia.

- Conserve imágenes, videos, audio, historias y eventos
- Invite y conéctese con miembros de su familia
- Cree y comparta su historial familiar
- Disponible en Web, móvil e Ipad

ONE FAM

www.onefam.com